Dieses Buch gehört:

Lyca

Fabian Lenk
mit Bildern von Christoph Kirsch

Die kleinen Lesedrachen

Das Geheimnis der Bonbon-Bande

Lesen lernen
1. Klasse
ab 6 Jahren

Klett Lerntraining

Bibliografische Information der Deutschen Nationalbibliothek
Die Deutsche Nationalbibliothek verzeichnet diese Publikation in der Deutschen Nationalbibliografie; detaillierte bibliografische Daten sind im Internet über http://dnb.d-nb.de abrufbar.

Dieses Werk folgt der neuesten Rechtschreibung und Zeichensetzung.

Auflage 3 2 1 | 2015 2014 2013
Die letzten Zahlen bezeichnen jeweils die Auflage und das Jahr des letzten Druckes.

www.lesedrachen-club.de
Der Online-Zugang zum Lese-Führerschein ist bis fünf Jahre nach Erscheinen des Buches gewährleistet.
Teamleitung Lernhilfen Grundschule: Susanne Schulz
Redaktion: Jette Maasch
Umschlaggestaltung und Layout: Sabine Kaufmann, Stuttgart
Umschlagillustration: Christoph Kirsch, Barcelona
Leitfiguren Drachen: Thomas Thiemeyer, Stuttgart
Satz: Noch & Noch GbR, Menden
Druck: Mediahaus Biering GmbH, München
Printed in Germany
ISBN 978-3-12-949200-0

Inhalt

Ein süßer Schatz

„Los, ins Wasser!“, ruft Ina.
Mit Tim und Leo stürmt sie
in den Badesee.
Jedes Jahr verbringen
die Familien der Freunde
den Urlaub gemeinsam.

Der starke Leo, die flinke Ina
und der mutige Tim
halten immer zusammen.
Sie sind eine richtig
verschworene Bande.
Die Bonbon-Bande ...

Die Kinder toben im Wasser.
„Lasst uns mit unserem Boot
zur Dracheninsel fahren!“,
schlägt Tim vor.
„Ja, zum Schatz!“, raunt Leo.
„Und ich darf paddeln!“

Sie setzen im Paddelboot über
und pirschen zum Versteck.
„Vorsicht, der Bademeister!“,
zischt Ina und zieht
die Jungs hinter einen Baum.
Der Mann sieht sie nicht.

Dann erreicht die Bande
ihren gut getarnten Schatz.
Leo hebt den Deckel an.
„Mmh!“, meint er glücklich.
„Herrlich!“, strahlt Tim.
„Wie süß!“, schwärmt Ina.

„Gut verstecken!“, mahnt Tim,
als sie fertig sind.
„Niemand darf
unseren süßen Schatz finden!“
Leo schiebt die Schatzkiste
wieder in den Busch.

Zurück am Strand spielt
die Bonbon-Bande Fußball.
Tims Vater Ben macht mit.
Das passiert selten.
Denn sonst liest er lieber
– vor allem auf der Insel.

„Heute Abend grillen wir
am Strand!“, schnauft Ben,
als sie wenig später
auf der Wiese liegen.
„Seid ihr dabei?“
„Na klar!“, rufen die Freunde.

Lese-Rallye

1

Wo verbringt
die Bonbon-Bande die Ferien?

B ○ am Meer
P ○ am See
N ○ in den Bergen

2

Wie heißt die Insel?

E ○ Schatzinsel
U ○ Bonbon-Insel
A ○ Dracheninsel

3

Vor wem verbergen sich die Freunde?

F ○ vor dem Eisverkäufer

G ○ vor einer anderen Bande

D ○ vor dem Bademeister

4

Was macht Tims Vater gern auf der Insel?

D ○ Er liest gern ein Buch.

M ○ Er spielt gern Fußball.

Y ○ Er badet gerne.

Das Licht zwischen den Bäumen

Abends feiern
die drei Familien am Strand.
Auf dem Grill brutzeln
Würstchen und Fleisch.

„He, was ist denn das?“,
zischt Ina plötzlich
und deutet zur Dracheninsel.
„Da treibt sich jemand herum!“
Ein kleines Licht wandert
zwischen den Bäumen umher …

„Vielleicht hat einer gesehen,
wie wir unseren Schatz
versteckt haben“, fürchtet Leo.
„Und jetzt will er
ihn uns mopsen!“

„Niemals! Das dürfen wir
nicht zulassen!“,
meint Tim entschlossen.
„Wir müssen zur Insel
und den Schatz verteidigen!“

„Okay“, flüstert Ina.
„Aber die Großen dürfen
nichts mitkriegen!“
Mit ihren Freunden saust sie
zum Paddelboot.

Und tatsächlich bemerkt
keiner der Erwachsenen
den heimlichen Ausflug
der Bonbon-Bande.
Schon sind Tim, Ina und Leo
auf der Dracheninsel.

Da, wieder das Licht!
Im Mondschein sehen
Tim, Leo und Ina
eine düstere Gestalt
mit einer Taschenlampe.

„W-w-wer ist das?“,
stottert Ina voller Panik.
„Vielleicht der Bademeister“,
sagt Leo und schluckt.
„Vorsicht, er kommt
genau auf uns zu!“

„Lasst uns in Deckung gehen!“,
wispert Ina ängstlich.
Ihr Herz hämmert.
Die Bande versteckt sich
in der Nähe des Schatzes
in einem Gebüsch.

Es raschelt, ein Ast knackt.
Schritte, ganz nah!
Inas Nackenhaare
stellen sich auf.
Wer ist der Kerl?
Und was hat er vor?

Lese-Rallye

5

Was grillen die Familien?

P ○ Würstchen und Fisch

E ○ Würstchen und Fleisch

X ○ Würstchen und Tofu

6

Was fürchtet Leo?

L ○ dass jemand den Schatz klauen will

Q ○ dass die Eltern den Schatz wegnehmen wollen

S ○ dass der Schatz unentdeckt bleibt

7

Aus welchem Grund stottert Ina?

D ○ Ina friert.

E ○ Ina freut sich.

B ☒ Ina hat Angst.

Die düstere Gestalt

Tim hält es nicht mehr aus.
Ganz vorsichtig
biegt der Junge
die Zweige auseinander.
Sein Puls rast,
als er auf den Weg späht.

Tim stutzt: Vor dem Gebüsch
liegt ein Buch ...
Das kennt er doch!
Rasch hebt Tim es auf.
Dann schaut er wieder
zur Gestalt mit der Lampe.

Jetzt hat der Kerl etwas
in den Händen!
Oh nein, es ist ihre Kiste!
Plötzlich leuchtet das Licht
in die Gesichter der Freunde.
Entsetzt schreien sie auf.

„Ich bin’s doch nur!“
Dort steht Ben, Tims Vater!
„Was macht ihr denn
jetzt noch auf der Insel?“
„Unseren Schatz bewachen!“,
erwidert Tim kühn. „Und du?“

„Ich habe mein Buch verloren.
Es ist mir auf der Insel
aus der Tasche gerutscht“,
sagt Ben. „Nun suche ich es.
Doch bisher habe ich nur
diese alte Kiste gefunden.“

„Alte Kiste? Das ist
unser Schatz!“, ruft Leo.
„Und was ist da drin?“,
fragt Ben neugierig.
Die Freunde zögern kurz.
„Bonbons“, gestehen sie dann.

„Ach so“, lacht Ben und zeigt
auf das Buch in Tims Händen.
„Dann lasst uns doch
ganz einfach tauschen:
Schatz gegen Schatz,
Buch gegen Bonbons!“

„Okay, aber nur,
wenn du unser Geheimnis
nicht verrätst“, fordert Tim.
Ben schwört es. „Außerdem
werde ich die Kiste auffüllen.
Als Finderlohn für das Buch!“

Lese-Rallye

8

Warum schreien die Freunde auf?

R ○ weil sie sich freuen

Ü ○ weil sie die Gestalt erschrecken wollen

O ○ weil sie sich erschrecken

9

Was hat Tims Vater auf der Insel verloren?

X ◯ seine Uhr

O ⊗ sein Buch

E ◯ sein Handy

10

Was tauschen die Bonbon-Bande und Tims Vater?

T ⊗ Buch gegen Schatzkiste

U ◯ Schatzkiste gegen Fußball

B ◯ Boot gegen Buch

Lösungswort

Hast du alle Fragen
der Lese-Rallyes beantwortet?
Dann trage auf dieser Seite
das Lösungswort ein.

So funktioniert es:

- Trage unten in die Felder die Buchstaben der richtigen Antworten ein.
- Tipp: Das Lösungswort hat etwas mit der Geschichte zu tun!

Das Lösungswort lautet:

P	A	D	D	E	L	B	O	O	T
1	2	3	4	5	6	7	8	9	10

Dein Lese-Führerschein

Auf dem Weg zu deinem
Lese-Führerschein
geht es so weiter:

Gehe gemeinsam mit deinen Eltern
auf **www.lesedrachen-club.de**,
und melde dich mit ihrer Hilfe
kostenlos mit einer E-Mail-Adresse
und einem selbst gewählten
Passwort an.

Klicke dann auf Start, und wähle auf der Seite dein Buch aus.

Gib nun das Lösungswort ein, bestätige die Eingabe mit OK, und schon hast du 100 Punkte auf deinem Punktekonto gutgeschrieben!

Nun kannst du dich mit den Lese-Übungen, die für dein Buch angezeigt werden, im Lesen richtig fit machen und die noch fehlenden Punkte sammeln.

Hast du alle Fragen richtig beantwortet, wartet dein Lese-Führerschein auf dich!

Die kleinen Lesedrachen wünschen dir viel Erfolg!

Lesen lernen mit dem Schulbuchprofi ...

... und den kleinen Lesedrachen mit Lese-Führerschein online

www.lesedrachen-club.de

Viele weitere Titel sind im Buchhandel erhältlich.

www.klett.de/lernhilfen

... und besten Freunden

Wickie und die starken Männer

... mit starken Fragen für helle Köpfe

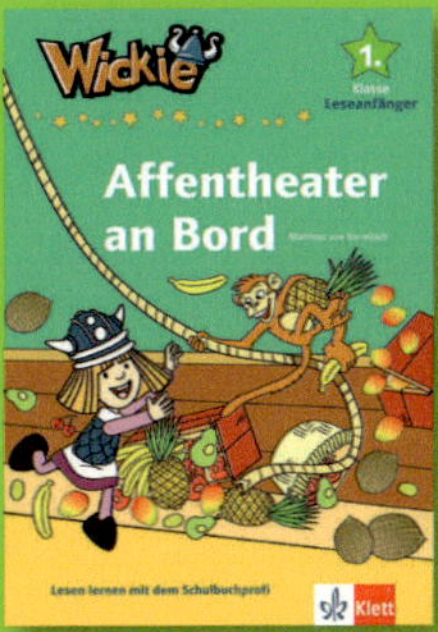

Bibi & Tina

... mit Hufeisenquiz

www.bibiundtina.de

Bibi Blocksberg™

... mit Hexenquiz

www.bibiblocksberg.de